Cahier d'activités

TipTop!

1

Catherine Adam

C'est moi :

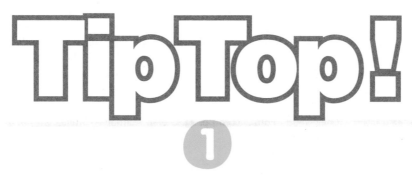

Mon nom : ....

Mon prénom : ....

Mon âge : ....

Ma classe : ....

Mon école : ....

didier

Crédits photographiques : p. 7 Richard Damoret/Réa ; **p. 10** guy - Fotolia.com ; **p. 10** André - Fotolia.com ; **p. 10** Nabil Biyahmadine - Fotolia.com ; **p. 10** 2006 James Steidl James Group Studio inc. - Fotolia.com ; **p. 10** Benoît Jouvelet - Fotolia.com ; **p. 11** – bd Fanny Rousseau - Fotolia.com ; **p. 11** – bg Philippe Devanne - Fotolia.com ; **p. 11** – hd Collection ChristopheL ; **p. 11** – hg guy - Fotolia.com ; **p. 11** – mg andre - Fotolia.com ; **p. 27** – 1 Michael Flippo - Fotolia.com ; **p. 27** – 2 egal - Fotolia.com ; **p. 27** – 3 Tatyana Parfyonova - Fotolia.com ; **p. 27** – 4 LiquidImage - Fotolia.com ; **p. 27** – 5 Melisback - Fotolia.com ; **p. 27** – 6 Frog 974 - Fotolia.com ; **p. 34** Aurélia Galicher ; **p. 35** LiquidImage - Fotolia.com ; **p. 38** Taffi - Fotolia.com ; **p. 38** luxpainter - Fotolia.com ; **p. 38** Catherine Lefort - Fotolia.com ; **p. 38** rimglow - Fotolia.com ; **p. 38** 2005 Samantha Grandy - Fotolia.com ; **p. 38** spotlight Studios - Fotolia.com ; **p. 41** – bd Stephane Reix/For Picture/Corbis ; **p. 41** – hd Ronald Wittek/dpa/Corbis ; **p. 41** – hg Catarina Eric/Gamma/Eyedea ; **p. 42** – 1 spotlight Studios - Fotolia.com ; **p. 42** – 2 Emmanuel Maillot - Fotolia.com ; **p. 42** – 3 Rido - Fotolia.com ; **p. 42** – 4 Pixis - Fotolia.com ; **p. 43** – 7 herreneck - Fotolia.com ; **p. 43** Gautier Williame - Fotolia.com ; **p. 43** Matthew Colligwood - Fotolia.com ; **p. 43** Stefan Ataman - Fotolia.com ; **p. 43** pgm - Fotolia.com ; **p. 43** Beboy - Fotolia.com ; **p. 43** chanelle - Fotolia.com ; **p. 43** Nimbus - Fotolia.com ; **p. 43** spotlight Studios - Fotolia.com ; **p. 43** Stephanie Eckgold - Fotolia.com ; **p. 43** Yana - Fotolia.com ; **p. 43** Chlorophylle - Fotolia.com ; **p. 43** J. Riou/Photocuisine/Corbis ; **p. 43** Macej Mamro - Fotolia.com ; **p. 43** Unknown/Olga Lyubkina - Fotolia.cm ; **p. 49** Bruno Morandi/hemis.fr ; **p. 51** – 1 Klaus Mellenthin/Westend61/Corbis ; **p. 51** – 2 Neal Preston/Corbis ; **p. 51** – 3 Wayne R. Bilenduke/GettyImages ; **p. 51** – 4 Andrea Rugg Photographer/Beateworks/Corbis ; **p. 51** – 5, 6 Bruno Morandi/hemis.fr ; **p. 51** – 7 Frack Guiziou/hemis.fr ; **p. 51** – 8 Patrick Frilet/hemis.fr ; **p. 52** Uncleasam - Fotolia.com ; **p. 59** – bd Sapsiwai - Fotolia.com ; **p. 59** – bg ES - Fotolia.com ; **p. 59** – bm Marc Rigaud - Fotolia.com ; **p. 59** – hd guy - Fotolia.com ; **p. 59** – hg 2006 James Steidl James Group Studio inc. - Fotolia.com ; **p. 59** – md Bruno Bernier - Fotolia.com ; **p. 59** – mg Nabil Biyahmadine - Fotolia.com ; **p. 63** – a Zoltan Futo - Fotolia.com ; **p. 63** – b neo - Fotolia.com ; **p. 63** – c Pixis - Fotolia.com ; **p. 63** – d Rido - Fotolia.com ; **p. 63** – e Charly - Fotolia.com ; **p. 63** – f Maximilian Stock Ltd/Photocuisine/Corbis ; **p. 63** – i tiero - Fotolia.com ; **p. 63** – j Inga Nielsen - Fotolia.com ; **p. 63** – k Lana Langlois - Fotolia.com ; **p. 63** – l Sapsiwai - Fotolia.com ; **p. 63** – m Emmanuel Maillot - Fotolia.com ; **p. 63** – n Leonid Nyshto - Fotolia.com ; **p. 63** – o PASQ - Fotolia.com ; **p. 63** – g, h, p, q Aurélia Galicher ; **p. 63** – r Gravicapa - Fotolia.com.

Nous avons recherché en vain les auteurs ou les ayants droit de certains documents reproduits dans ce livre. Leurs droits sont réservés aux Éditions Didier.

Cette méthode s'est inspirée de la méthode "Copains, copines" publiée par les Éditions Trait d'Union - Grèce 2009

PAPIER À BASE DE FIBRES CERTIFIÉES

éditions **didier** s'engagent pour l'environnement en réduisant l'empreinte carbone de leurs livres. Celle de cet exemplaire est de :

400 g éq. CO₂

Rendez-vous sur www.editionsdidier-durable.fr

Couverture et maquette intérieure : MASSIMO MIOLA
Illustration couverture : SYLVIE EDER
Mise en page et photogravure : ANNE-DANIELLE NANAME et TIN CUADRA
Illustrations : SYLVIE EDER et LYNDA CORAZZA

« Le photocopillage, c'est l'usage abusif et collectif de la photocopie sans autorisation des auteurs et des éditeurs. Largement répandu dans les établissements d'enseignement, le photocopillage menace l'avenir du livre, car il met en danger son équilibre économique. Il prive les auteurs d'une juste rémunération. En dehors de l'usage privé du copiste, toute reproduction totale ou partielle de cet ouvrage est interdite. »
« La loi du 11 mars 1957 n'autorisant, au terme des alinéas 2 et 3 de l'article 41, d'une part, que les copies ou reproductions strictement réservées à l'usage privé du copiste et non destinées à une utilisation collective » et, d'autre part, que les analyses et les courtes citations dans un but d'exemple et d'illustration, « toute représentation ou reproduction intégrale, ou partielle, faite sans le consentement de l'auteur ou de ses ayants droits ou ayants cause, est illicite. » (alinéa 1er de l'article 40) – « Cette représentation ou reproduction, par quelque procédé que ce soit, constituerait donc une contrefaçon sanctionnée par les articles 425 et suivants du Code pénal. »

© Les Éditions Didier, Paris 2010 - ISBN : 978-2-278-06646-9

Achevé d'imprimer en France par Loire Offset Titoulet en juillet 2018 - Dépôt légal : 6646/14 - N° imprimeur : 201801.0087

Sommaire

Dans la classe

1 Tu reconnais les personnages ? Écris leur prénom.

 1. ....

 4. ....

 2. ....

 5. ....

 3. ....

 6. ....

2 Complète les bulles.

.... les enfants !

Bonjour .... !

Bonjour .... !

....
....
.... ?

Je m'appelle Lucas.

Salut Léo !
.... ?

Oui, ça va très bien !

3 Relie les phrases.

1. – Comment tu t'appelles ? •   • **a.** – Non, moi c'est Camille.

2. – Tu t'appelles Sophie ? •   • **b.** – Bonjour madame !

3. – Salut Maé ! Ça va ? •   • **c.** – Je m'appelle Martin.

4. – Bonjour les enfants ! •   • **d.** – Salut Noé ! Oui, ça va bien !

4 **Lis à haute voix les paroles de *Chante en couleurs!***

– Qu'est-ce que c'est ? Qu'est-ce que c'est ?

Un [image] ? Un [image] ?

– Non, ça, c'est mon sac à dos fluo !

– Qu'est-ce que c'est ? Qu'est-ce que c'est ?

Une [image] ? Une [image] ?

– Non, ça, c'est mon sac à dos fluo !

– Qu'est-ce que c'est ? Qu'est-ce que c'est ?

Une [image] ? Un [image] ?

– Non, ça, c'est mon sac à dos fluo !

5 **Colorie et trouve les affaires de classe.**

a = ✹   b = ✹   c = ✹   d = ✹   e = ✹   f = ✹

6 Regarde et complète les mots fléchés.   J'écris

↓

→ | S | - | C | | - | | - | - | - |

-

→ | C | - | - | - | - | R |

-

↓

→ | T | - | - | - | - | - | E | | R |

| N | - | | L | - | - | - |

-

-

→ | F | - | - | - | - | - | - |

| O | | G | - | - | - | E | ←

↑

7 Mets les étiquettes dans l'ordre.   Je lis et j'écris

1. | Qu' | | c' | | est- | | que | | est | | ce | | ? | *Qu'est-ce que c'est ?*

2. | tu | | appelles | | ? | | Comment | | t' |

3. | une | | . | | trousse | | est | | C' |

4. | m' | | Martin | | appelle | | . | | Je |

8 Complète avec un ou une et colorie en bleu ou rose.   J'écris

| *une* | .... | *un* | *une* | *une* | *une* |
| **trousse** | **crayon** | **cahier** | **règle** | **livre** | **gomme** |

9 Qu'est-ce que c'est ?

un stylo

10 Complète les cases.

. = un point   **?** = un point d'interrogation   **!** = un point d'exclamation

1   **2**   **3**   **4**   **5**   **6**

11 Complète et dis les phrases.

1. Bonjour Louis !

2. Tu t'appelles Lulu ou Loulou ?

12 Répète la phrase très vite avec ton/ta voisin(e).

C'est la trousse **rouge** d'Ursule !

Je fais le point !

1   Imagine les dialogues et joue les scènes
avec un(e) camarade.

2   Écris les dialogues dans les bulles.   J'écris

1. – ....
   – ....
   – ....
   – ....

2. – ....
   – ....

3. – ....
   – ....

4. – ....
   – ....

5. – ....
   – ....

J'apprends le français !

Lis et parle avec tes camarades et ton professeur.

En français...

J'écoute

Je parle

J'écris

Je lis

Je chante

Je joue

Et toi ? Lis, colorie et complète.

		pas encore	souvent	toujours	
	Je comprends la chanson des couleurs.				
	Je lis un mode d'emploi.				
	Je dis comment je m'appelle.				
	Je joue au jeu de l'Oie.				
	J'écris des mots de la classe.				

Ma couleur préférée : ....

Je fabrique

Fabrique ta pochette de français !

Maintenant, complète et décore ta pochette de français.

Nom ..... Gautier .....

Prénom ..... Noé .....

..... J'apprends le français. .....

1 Complète ta pochette.

1. Écris ton nom.

2. Écris ton prénom.

3. Regarde le modèle et écris J'apprends le français.

4. Colle ton étiquette sur ta pochette.

2 Regarde les symboles de la France.

Les symboles
de la France

3 Choisis 3 symboles de la France (p. 59) pour ta pochette.

4 Colorie et colle tes 3 symboles sur ta pochette de français.

BRAVO !

Dans la cour

1 Complète l'âge des personnages. (piste 20) • (J'écoute et j'écris)

1. Thomas a ...*douze*... (12) ans.   **3.** Djamila a .... (10) ....

2. Noé a .... (11) ans.   **4.** Maé a .... (9) ....

2 Relie.   (Je lis)

a

b

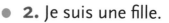

1. Tu joues à l'élastique ?

2. Je suis une fille.

3. Je joue à cache-cache.

4. Tu joues au foot avec moi ?

5. Je m'appelle Yanis.

c

d   **e**

3 Remets dans l'ordre 1, 2, 3 *Compte avec moi !*   (Je lis)

a. Quatre, cinq, six Bouge avec Brice

b. Sept, huit, neuf Joue avec Titeuf

c. Dix, onze, douze Bouge, Bouge, Bouge !

d. Un, deux, trois Compte avec moi

1	2
...d...	....
3	**4**
....	....

4 Trouve les mots.

1. oncapi ➜ *un copain*

3. tuasleqié ➜ *un* ....

2. créré ➜ *la* ....

4. loblan ➜ *un* ....

5 Compte les jeux.

Lucas a ....*dix*........ billes, ... cordes à sauter,

.... élastiques, et .... ballons.

6 Regarde le code secret et complète le message.

A	B	C	D	E	F	G	H	I	J	K	L	M
1	✹	2	⚬	≋	✹	3	⌇	✹	4	🎂?	5	⚽

N	O	P	Q	R	S	T	U	V	W	X	Y	Z
✹	6	7	🕯	8	✹	9	✹	10	✹	11	JEUX	12

Message : 9 ✹   4 6 ✹ ≋ ✹   1   5 1   2 6 8 ⚬ ≋

➜ *Tu* ....

1   ✹ 1 ✹ 9 ≋ 8   1 10 ≋ 2   ⚽ 6 ✹?

.... ?

7 **Complète avec avoir.**

1. J'....*ai*.... un cahier orange.

2. Tu .... une gomme rose.

3. Moi, j'.............. dix ans.

4. Martin .... onze ans.

5. Alice .... neuf ans.

6. Et toi, tu .... quel âge ?

8 **Fais deux phrases avec les mots.**

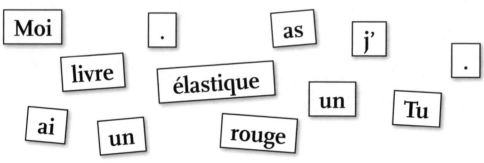

1. ....

2. ....

9 **Dessine trois jeux et fais des phrases.**

1. ...*Je joue*......... 2. .... 3. ....

10 Marque les liaisons
et lis à haute voix.

piste 21  **J'écoute et je parle**

1. J'ai sept_ans.

2. J'ai neuf trousses.

3. J'ai cinq livres.

4. J'ai douze ans.

5. J'ai neuf ans.

6. J'ai onze ans.

7. J'ai douze stylos.

8. J'ai deux ans.

11 Complète et dis les phrases.

 **J'écris et je parle**

1. – Tu as d_ _x ans ? – Non, J'ai d_x ans !

2. – Elle a c_ _q élastiques ? – Non, elle a s_ _t élastiques.

3. – Tu as t_o_s trousses ? – Non, j'ai d_ _ _e trousses !

12 Répète les phrases très vite avec ton/ta voisin(e) !  piste 22

Suzette a **dix** ans, **dix** cahiers et **dix** stylos !

Henri 8 a **huit** élastiques.

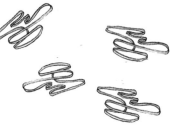

Je fais le point !

1 Mets la BD dans l'ordre et joue les scènes avec ton/ta voisin(e).

Je lis et je parle

1.	2.	3.	4.	5.	6.	7.	8.	9.
h								

Je m'entraîne au DELF Prim

1 Écoute les consignes du DELF Prim et regarde.   piste 23

→ Quand tu entends « coche », fais ☒

→ Quand tu entends « entoure », fais ⟨livre⟩

→ Quand tu entends « relie », fais •—•

2 À toi ! Écoute et fais la bonne action.   piste 24

a. ☐

b. billes

c. •—•

Je connais déjà des choses en français !

Lis et parle avec tes camarades et ton professeur.

Je connais déjà...

1, 2, 3
Compte avec moi !

des nombres

le jeu
de la
Récré

1 2
3

des règles

① Lance le dé et compte à haute voix.   Regarde et dis la bonne phrase.   Mange le joueur !

④ Oh non, j'ai perdu !   ⑤ Bravo ! Tu as gagné !

des jeux
de la récré

Et toi ? Lis, colorie et complète.

		pas encore	souvent	toujours	
	Je comprends les nombres de 0 à 12.				
	Je lis des règles de jeux.				
	Je chante la chanson des nombres.				
	Je joue au jeu de la Récré.				
	J'écris des mots de la récré.				

Mon jeu préféré : ....

Fabriquons une boîte de jeux !

1 Regarde bien le modèle avec tes camarades.

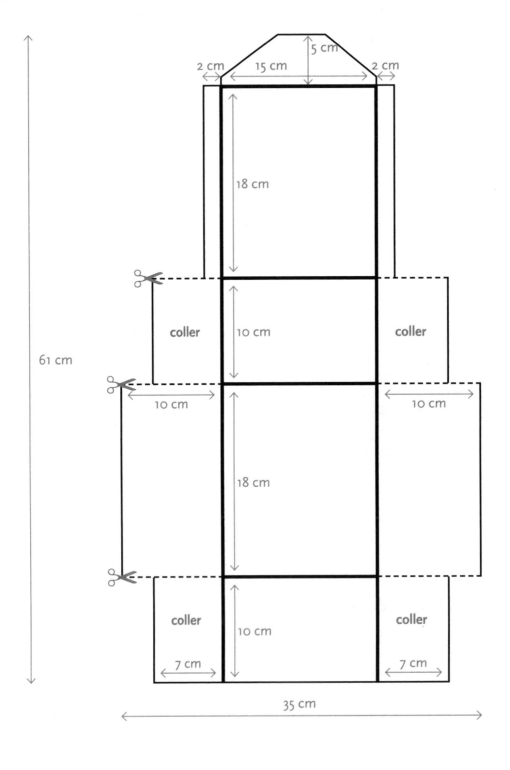

2 Dessinez le modèle sur le carton.

Maintenant, décore la boîte de jeux.

1 Dessine ton jeu préféré p. 61.

Exemple :

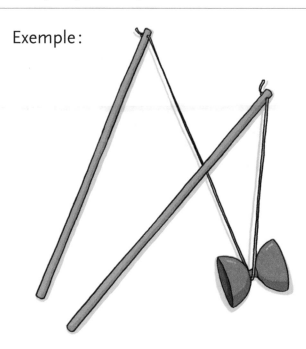

2 Cherche et écris le nom de ton jeu à côté du dessin.

....

3 Colle ton dessin sur la boîte de jeux.

BRAVO !

Pendant la semaine

1 Mets les images dans l'ordre. piste 25 J'écoute

(**a**) ....

(**b**) ....

(**c**) ....

2 Relie. pistes 25 – 26 J'écoute

 (**a**)

 (**c**)

1. J'adore la glace à la vanille. •

2. Je suis le copain de Camille. •

3. Je n'aime pas le poisson. •

(**d**)

4. Mmm ! C'est bon le poisson ! •

(**b**)

3 Complète *J'aime l'école* avec : géo – leçons – dictées – écouter. J'écris

1. C'est lundi !

J'aime l'école, j'aime l'école.

Pas les maths, pas les ....

3. C'est jeudi !

J'aime l'école, j'aime l'école.

Pas les ...., pas les punitions

2. C'est mardi !

J'aime l'école, j'aime l'école.

Pas la ...., pas les exos

4. C'est vendredi !

J'aime l'école, j'aime l'école.

Pas travailler, pas ....

4 C'est quel jour ?

J'écris

1. Le jour de , c'est le ....

Vénus

2. Le jour de , c'est le ....

la Lune

3. Le jour de , c'est le ....

Jupiter

4. Le jour de , c'est le ....

Mars

 DI JEU

DI DI MAR

LUN DRE

DI VEN

5 Lis et complète les mots.

Je lis et j'écris

1. Lundi, Samir aime les mat_ _ _ _ _ _ques et le p_ _ _ _ _n.

2. Il n'aime pas la p_ _ _ _ et le d_ _ _in.

6 Compose le menu de Monsieur Beurk.

J'écris

École : ....

~ Menu ~
de M. Beurk

1. ....

2. ....

3. Glace au poisson

SLURP

7 Coche les cases.

	le	la	l'	les
1.	✗			
2.				
3.				
4.				
5.				
6.				
7.				
8.				

 1.
 2.
 3.
 4.
 5.
 6.
 7.
 8.

8 Complète avec aimer. J'écris

1. Antoine ...*aime*... les glaces à la vanille.

2. J' .... le chocolat.

3. Elle .... danser.

4. Carla .... le poulet.

5. Tu .... les pommes.

6. Il .... la purée.

9 Complète et dis les bonnes phrases. J'écris et je parle

1. Je ✗ les . →  *Je n'aime pas les tomates*

2. Je ✗ le . →

3. Je ✗ la ..... . →

4. Je ✗ les . → ....

10 Interview : demande à ton voisin et complète les phrases.

Je parle et j'écris

1. .... (prénom) .... ♥ ♥ ♥

2. .... (il/elle) .... ♥

3. .... (il/elle) .... ✖

4. .... (il/elle) .... ✖ ✖ ✖

11 Colorie.

le = ✸

les = ✸

1.	2.	3.	4.	5.	6.	7.	8.

12 Complète et lis les phrases à haute voix.

J'écris et je parle

Je m'appelle Inès. .... ai 9 ans. À l'école, ... aime .... maths

et .... récré : .... joue à .... élastique.

À la cantine, ... aime .... omelette et .... poulet.

13 Répète la phrase très vite avec ton/ta voisin(e) !

piste 33

À l'école, Juliette aime l'informatique et le judo !

Je fais le point !

1 Imagine le dialogue et joue la scène avec ton/ta voisin(e).

J'écris et je parle

Bruno   Anissa

1. – ....
....

2. – ....
....

3. – ....
....

4. – ....
....

5. – ....
....

6. – ....
....

Je m'entraîne au DELF Prim

Compréhension de l'oral (exercice 1)

1 Écoute les messages et entoure le bon dessin.

piste 34

1.   3.   5.

2.   4.

Je découvre mon école... en français !

Lis et parle avec tes camarades et ton professeur.

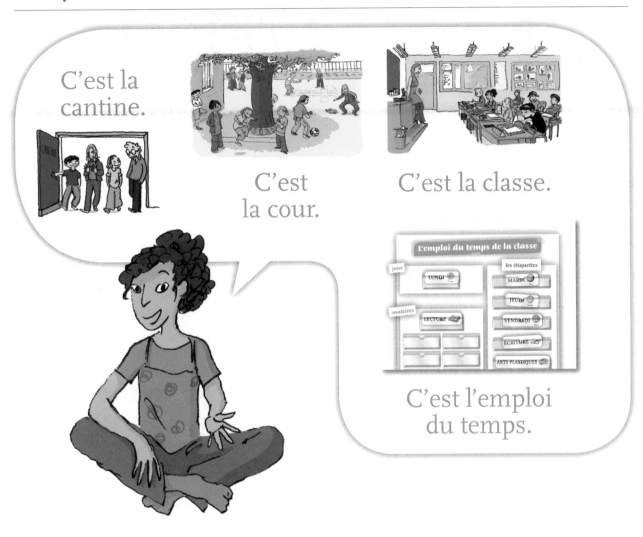

C'est la cantine.

C'est la cour.

C'est la classe.

C'est l'emploi du temps.

Et toi ? Lis, colorie et complète.

	pas encore	souvent	toujours
Je comprends les mots de la cantine et de l'école.			
Je lis l'emploi du temps de la classe.			
Je dis ce que j'aime et n'aime pas.			
Je demande à un/une camarade ce qu'il/elle aime.			
J'écris ce que j'aime.			

Ma matière préférée : ....

Je fabrique

Fabriquons l'emploi du temps !

L'emploi du temps de la classe

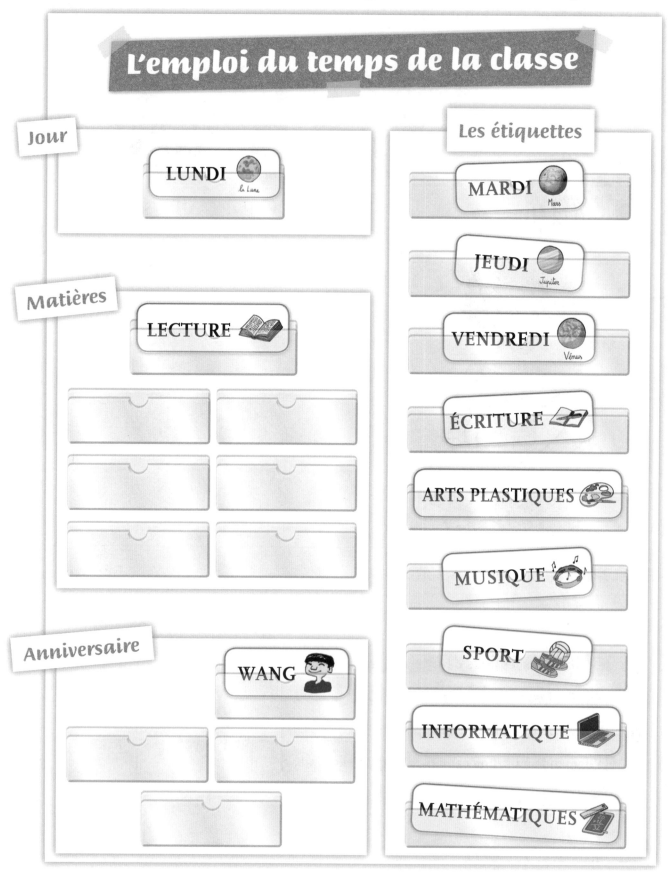

Jour

LUNDI — la Lune

Matières

LECTURE

Anniversaire

WANG

Les étiquettes

MARDI — Mars

JEUDI — Jupiter

VENDREDI — Vénus

ÉCRITURE

ARTS PLASTIQUES

MUSIQUE

SPORT

INFORMATIQUE

MATHÉMATIQUES

Maintenant, prépare les étiquettes.

1 Choisis un jour ou une matière.

 **Les jours**

la Lune

Mars

Jupiter

Vénus

Les matières à l'école

le sport

la musique

les mathématiques

l'informatique

la lecture

le dessin

l'écriture

2 Prends une étiquette en carton.

3 Regarde la liste des jours et des matières et écris un nom.

4 Dessine et colorie le jour ou la matière sur l'étiquette.

5 Fais la même chose pour ton prénom.

BRAVO !

Avec ma famille

1 **Coche les dessins du dialogue.**

 piste 35 J'écoute

(a) ☐

(b) ☐

(c) ☐

(d) ☐

(e) ☐

2 **Relie les phrases du dialogue.**

 piste 35 J'écoute

1. – Salut Noé ! Ça va ? •

• **a.** – J'ai un chat, Pupuce.

2. – Et ta famille, elle est comment ? •

• **b.** – Salut Martin !

3. – Et toi, tu as un animal ? •

• **c.** – Moi, j'ai deux grands frères, Alex et Philippe.

3 **Souligne les 8 erreurs dans *Tu connais pas... ?***

J'écoute et je lis

Miaou ! Miaou !
– Qu'est-ce que c'est ? Qui est-ce ?
– Tu connais pas Salsa ?
C'est ma tortue. Elle est très sympa !

Ouaf ! Ouaf !
– Qui est-ce ? Qui est-ce ?
– Tu comprends pas Sushi ?
C'est mon hamster. Il est super !

4 Regarde la famille et écris les mots.

J'écris

son ....   sa ....   son ....   sa ....

....

son   sa

....

sa   son

....

Maxime

5 Choisis et présente ta famille imaginaire.

Je parle

Mon père, c'est Astérix,
et ma sœur, c'est Vanessa Paradis.

→ Mon père, c'est...

6 **Complète avec être.**

J'écris

Je m'appelle Émilie. J'ai une grande famille. Je .suis. grande

et mince. Mon grand-père est grand et gros. Mamie ....

petite et très sympa. Mes frères .... petits.

Et toi, tu as une petite famille ? Tu .... grand ?

7 **A. Regarde et complète.**

J'écris

mon ballon

1.

| .mon. frère | .... tortue | mes chiens |
| .... père | .ma. sœur | .... poissons |

ton ballon

2.

| .... chat | .ta. mère | .... hamsters |
| .... famille | .ton. animal | .tes sœurs |

son ballon

3.

| .son. animal | .... sœur | ses frères |
| .sa. grand-mère | .... tortues | .... grand-père |

B. Place les mots de l'exercice A dans le tableau.

J'écris

	masculin (mon, ton, son)	féminin (ma, ta, sa)	pluriel (mes, tes, ses)
à moi	mon frère..........	....	....
à toi	....	....	....
à lui	....	....	....

8 Regarde les animaux et complète avec :
petit/petite – grand/grande – drôle – rouge.

J'écris

Elle est petite.	*Il est*	*Elle est*	*Il est*	*Il est*	*Il est* ....

9 Coche la ou les bonne(s) case(s).

piste 41 J'écoute

	[ɔ̃] comme dans ball**on**	[ɑ̃] comme dans mam**an**
1.	X	
2.		
3.		
4.		
5.		
6.		

10 Répète la phrase très vite avec ton/ta voisin(e) !   piste 42

Mon tonton **Gaston**

et ma tante **Angèle**

sont des **grands-parents** vraiment **contents** !

Je fais le point !

1 **Choisis et présente une famille.** J'écris

1. Je m'appelle Paul. ....
....
....
....

2. Moi, c'est ....
....
....
....

3. ....
....
....
....

Je m'entraîne au DELF Prim

Production orale (étape 1)

1 **Écoute les questions et essaye de répondre. Si tu ne comprends
pas la question, demande à ton professeur !** piste 43

Je communique en français !

Lis et parle avec tes camarades et ton professeur.

> L'informatique, c'est génial !
> Je présente ma famille
> et mes animaux à Noé.
> C'est facile et drôle en français !

Et toi ? Lis, colorie et complète.

		pas encore	souvent	toujours
	Je comprends qui c'est.			
	Je lis des mots de l'informatique.			
	Je présente ma famille.			
	Je demande qui c'est et je réponds à un(e) camarade.			
	J'écris des légendes pour mes photos.			

Mon animal préféré : ....

Fabriquons un album photos (en papier ou numérique) !

Maintenant, préparez les légendes des photos.

1 **Regarde bien tes photos et écris des mots.**

sœur – anniversaire –
13 ans – gâteau – frère

....

....

....

2 **Fais des phrases pour tes photos.**

C'est ma sœur. C'est son anniversaire. Elle a treize ans.
C'est mon frère. Il s'appelle Louis. Il adore les gâteaux.

→ ....

→ ....

→ ....

3 **Écris / Tape les phrases sous tes photos.**

BRAVO !

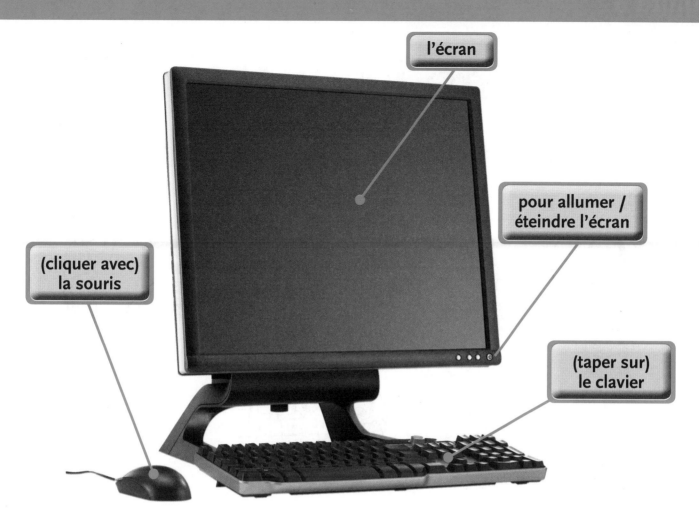

l'écran

pour allumer /
éteindre l'écran

(cliquer avec)
la souris

(taper sur)
le clavier

AVEC UN CLAVIER FRANÇAIS :

pour taper une majuscule

pour taper le .

pour enregistrer

pour taper le ?

Dans la cuisine

1 Mets le numéro du dialogue sous la bonne image.

Je lis

a ◯ **b** ◯ **c** ◯ **d** ◯

1. – Qu'est-ce que tu veux, Malik ?

– Un bol de chocolat et deux tartines.

2. – Alice, mange tes céréales, s'il te plaît !

– Non merci, je n'aime pas les céréales.

3. – Qu'est-ce que tu veux ?

– Un bol de riz !

4. – Viens manger avec mamie !

– J'ai pas faim !

2 Continue *J'ai pas faim !* avec un(e) camarade et chantez.

J'écris et je chante

Viens manger !
Non merci, j'ai pas faim !

Mange tes tartines !
Non merci, j'ai pas faim !

Prends un croissant !
Non merci, j'ai pas faim !
Non merci, j'ai pas faim !
Bon allez...

.... !
Non merci, j'ai pas faim !

.... !
Non merci, j'ai pas faim !

.... !
Non merci, j'ai pas faim ! J'ai pas faim !
J'ai pas faim !

3 Écris le nom du repas et mets les repas dans l'ordre. J'écris

a. ....

c. ....

b. ....

d. ....

1	2	3	4
....	....	....	....

4 Complète les mots. J'écris

Au petit déjeuner, Martin veut deux b_ _ _ de chocolat, trois t_ _ _ _ _ _ _,

quatre b_ _ _ _ _ _, cinq croissants, dix _is_ _ _ _ _ _. Il a très _ _ _ m !

5 Relie les phrases. Je lis

1. – Qu'est-ce que tu veux au petit déjeuner ? ●   ● **a.** – Des frites.

2. – Qu'est-ce que tu manges au dîner ? ●   ● **b.** – Non, merci. J'ai pas faim !

3. –Tu veux un croissant ? ●   ● **c.** – Des céréales et un yaourt.

4. –Tu aimes le lait ? ●   ● **d.** – Non, c'est pas bon !

6 Et toi ? Parle avec un copain ou une copine. Je parle

7 **Complète avec x ou t.**

J'écris

1. Tu veu_ une tasse de lait ?

3. Je veu_ mon goûter.

2. Il veu_ une cuillère.

4. Elle veu_ un bol de chocolat.

5. – Et toi, qu'est-ce que tu v_ _ _ ?

– *Je veux* ....

8 **Fais trois phrases.**

J'écris

→ ....

→ ....

→ ....

9 **Regarde la Boîte à outils p. 48 et complète le tableau.**

J'écris

	du	de la	de l'	des
Je veux	*beurre*			

10 **Relie.**

Je lis

1. Viens manger ! •

2. Prends une glace ! •

3. Mange tes céréales ! •

4. Prends un cahier ! •

• **a**

• **b**

• **c**

• **d**

11 **Complète avec ! ou . et lis les phrases à haute voix.**

Je parle

1. *Viens chez moi* !

2. Prends un stylo _

3. Tu prends un stylo dans ta trousse _

4. Tu manges des pommes au goûter _

5. Mange une pomme au goûter _

6. Viens ici _

7. Prends une feuille _

12 **Barre les consonnes qui ne se prononcent pas et dis les phrases.**

Je lis et je parle

1. *Tu as des biscottes* ?

2. Elle a du beurre et de la confiture.

3. Qu'est-ce qu'elle veut ?

4. Il aime les tartines.

5. C'est un verre de jus d'orange.

6. Tu veux un verre de lait ?

13 **Répète la phrase très vite avec ton/ta voisin(e) !**

piste 50

Mon petit chat veut un bol de lait et des tartines pour le petit déjeuner.

Je fais le point !

1 Présente ton repas préféré. Dessine ou colle des photos et écris des légendes.

- J'aime, j'adore le, la, les
- Je veux un, une, des
- J'ai faim !
- C'est trop bon !
- Miam !

Je m'entraîne au DELF Prim

Compréhension des écrits (exercice 1)

1 Lis ce petit message puis réponds aux questions.

Au goûter, Manon veut trois tartines avec de la confiture, une banane et un bol de chocolat. Maman ne veut pas : c'est trop ! Elle propose une pomme et un verre de lait. C'est assez pour le goûter !

1. Coche le bon repas.

☐ le petit déjeuner   ☐ le déjeuner   ☐ le goûter   ☐ le dîner

2. Qu'est-ce que Manon veut manger ? Entoure le bon dessin.

3. Qui ne veut pas ? Entoure la bonne réponse.

a. sa mère   **b.** son père   **c.** son frère   **d.** sa grand-mère

4. Manon doit manger... Entoure les bons dessins.

En français, s'il vous plaît !

Lis et parle avec tes camarades et ton professeur.

Je veux...

écouter Vanessa Paradis,

un CD de Tokio Hotel,

jouer avec Tony Parker.

Et toi ? Lis, colorie et complète.

		pas encore	souvent	toujours
	Je comprends un ordre.			
	Je lis une recette.			
	Je dis ce que je veux manger.			
	Je demande à un(e) camarade ce qu'il/elle veut.			
	J'écris un menu.			

Mon repas préféré : ....

Je fabrique

Fabriquons des roses des sables en chocolat !

Maintenant, prépare le menu de ton goûter équilibré.

1 Lis comment préparer un bon goûter.

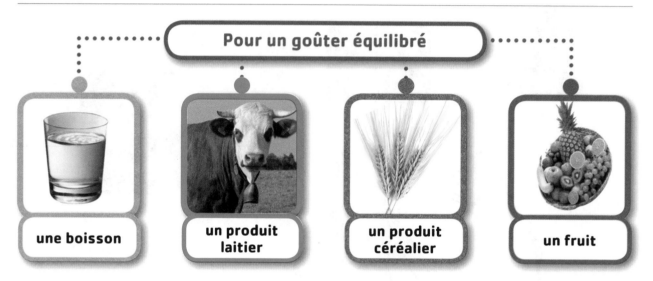

Pour un goûter équilibré

une boisson

un produit laitier

un produit céréalier

un fruit

2 Regarde la liste p. 43 et complète ton goûter équilibré.

– une boisson : ....

– un produit laitier : ....

– un produit céréalier : *trois roses des sables* ....

– un fruit : ....

3 Prends une feuille et écris ton menu.

4 Décore ton menu.

BRAVO !

Un goûter équilibré

UNE BOISSON

un verre d'eau

une tasse de thé

un jus d'orange

UN FRUIT

une compote

une banane

une pomme

UN PRODUIT LAITIER

un chocolat chaud

un verre de lait

un morceau de fromage

un yaourt

UN PRODUIT CÉRÉALIER

une barre de céréales

3 biscottes

4 biscuits

3 roses des sables

une tranche de pain

Mon goûter
un thé
4 biscuits
une banane
un yaourt

Mon goûter
un verre d'eau
une tranche de pain
un morceau de fromage
une pomme

Après l'école

① **Complète et relie.** piste 51 J'écoute et j'écris

1. Tu viens chez .... ? •

2. Oui, ... ! •   • ⓐ

3. Qu'est-ce que tu fais après l'................... ? •

4. Je fais mes devoirs et je .... à la console. •   • ⓑ

5. Je regarde la télé avec ma .... •

② **Mets le dialogue dans l'ordre.** piste 52  J'écoute et je lis

a. – Non, j'ai 20 points ! J'ai gagné ! Tu as perdu !

b. – Tu n'es pas drôle, Martin !

c. – Non, Camille, tu as perdu !

d. – J'ai 19 points et toi, 15.

e. – J'ai gagné !

1	2	3	4	5
....	....	....	....	....

③ **Choisis un lieu, un objet, une personne de la famille ou un animal et écris un calligramme.** J'écris

4 Complète avec les mots de la maison.

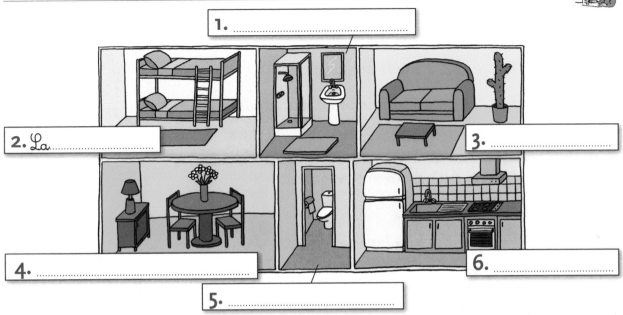

1. ....

2. La ....

3. ....

4. ....

5. ....

6. ....

5 Fais les opérations et lis avec ton/ta voisin(e).

+ → plus   **—** → moins   **=** → égale

1. [domino] + [domino] = 13 ....

   huit   +   *cinq*   = *treize.*

3. [domino] + [domino] = ...

   ....

2. [domino] – [domino] = ...

   ....

4. [domino] + [domino] = ...

   ....

6 Dessine la maison de ton/ta voisin(e).

7 **Complète avec je, tu, il/elle, nous, vous, ils/elles.** J'écris

1. ...Je.... / ..../ .... **regarde** la télé.

2. .... / ..../ .... **joues** aux billes.

3. .... / ..../ .... **aimez** les mathématiques ?

4. .... / ..../ .... **goûtons** dans le salon.

5. .... / ..../ .... **écoutent** la radio.

8 **Mets les verbes dans la bonne manette.** J'écris

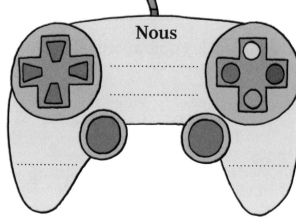

1. chante   2. aimons   3. regardons   4. dessine   5. jouons

6. déjeune   7. adorons   8. écoute

9 **Complète les phrases.** J'écris

1. Je ..chante.. une chanson.

2. On .... (jouer) à l'élastique.

3. Vous .... (écouter) le professeur.

4. Elles .... (dessiner) une maison.

5. Tu n' .... (aimer) pas les frites.

6. Nous .... (déjeuner) le matin.

10 Coche la bonne case. piste 56 J'écoute

	[ʃ] comme dans chocolat	[ʒ] comme dans jeudi
1.	X	
2.		
3.		
4.		
5.		
6.		

11 Complète et lis les phrases à haute voix. J'écris et je parle

1. J'aime _ _ anter avec _ulie le _eudi.

2. Charlotte dé_eune avec Jacques diman_ _ e.

3. Ils _ouent dans la salle de _eux.

12 Entoure les syllabes. Je lis

1. Vous regardez la télévision dans le salon.

2. Je fais mes devoirs avec mon copain.

13 Répète la phrase très vite avec ton/ta voisin(e) ! piste 57

Charles joue à cache-cache

avec Jacques dans la chambre.

Je fais le point !

1 Trouve les questions, imagine les réponses,
et joue les scènes avec un(e) camarade.

 J'écris et je parle

1. – .... ?

2. – .... ?

Je m'entraîne au DELF Prim

Production écrite (exercice 1)

1 Tu es nouveau/nouvelle. Remplis cette fiche pour ton professeur.

FICHE

Ton prénom : .... Ton nom : ....

Ton âge : .... Nombre de frères et sœurs : ....

Ton animal préféré : ....

Ta couleur préférée : ....

Ton repas préféré : ....

Ton jeu de la récré préféré : ....

Je sais beaucoup de choses en français !

Lis et parle avec tes camarades et ton professeur.

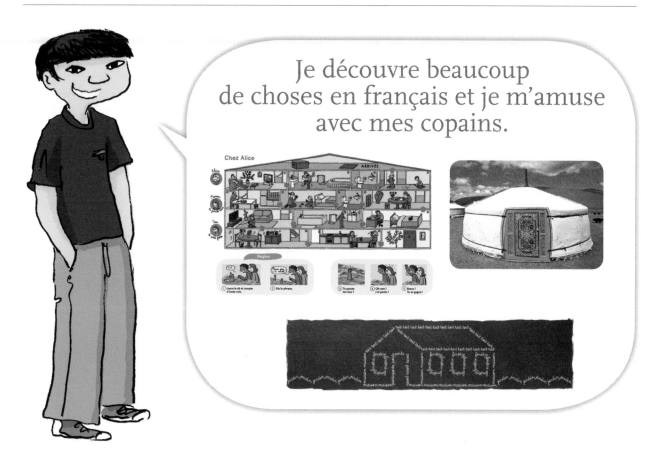

Je découvre beaucoup de choses en français et je m'amuse avec mes copains.

Et toi ? Lis, colorie et complète.

		pas encore	souvent	toujours
	Je comprends mes copains et mon professeur.			
	Je lis le plan d'une maison.			
	Je dis ce que je fais après l'école.			
	Je joue avec mes camarades en français.			
	Je complète une fiche.			

Ma maison préférée : ....

Je fabrique

Fabriquons la maison idéale !

1 Regarde bien les photos p. 50 et parle avec tes camarades et ton professeur de la maison idéale !

2 Dessinez avec tes camarades le plan de votre pièce.

un igloo

une cabane dans les arbres

une yourte

des maisons dans la pierre

Mon auto-dico

C'est ton dictionnaire de français.
Complète ton auto-dico avec tes nouveaux mots !

1 Écris un mot.

2 Dessine ou colle une image du mot.

le cahier

le cahier

Conseils :

Écris le en bleu, la en rose et les en vert.

Écris les verbes en rouge : aimer, parler, vouloir.

Unité 1 • Dans la classe

Unité 2 • Dans la cour

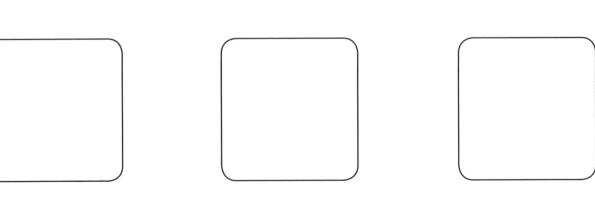

Unité 3 • Pendant la semaine

Unité 4 • Avec ma famille

Unité 5 • Dans la cuisine

....

....

....

....

....

....

....

....

....

....

....

....

Unité 6 • Après l'école

Atelier p. 10, unité 1
Les symboles de la France

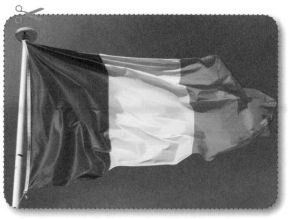

Atelier p. 20, unité 1

Atelier p. 28, unité 2

Outils pour l'Atelier, p. 19, unité 2

Un bon petit déjeuner !
Les cartes du jeu

Découpe les cartes et joue au « Bon petit déjeuner » avec tes camarades.